Glücksmomente und Träumereien

GERTRAUDE FABER

Glücksmomente und Träumereien

Bibliografische Information der Deutschen Nationalbibliothek
Die Deutsche Nationalbibliothek verzeichnet diese Publikation
in der Deutschen Nationalbibliografie; detaillierte bibliografische
Daten sind im Internet über http://dnb.d-nb.de abrufbar.

Satz, Umschlaggestaltung, Herstellung und Verlag:
Books on Demand GmbH, Norderstedt

ISBN 978-3-8370-4893-3

Zusammenstellung

Erinnerungen

Gern erinnere ich mich an vergangene Zeit,
Erlebtes kommt mir in den Sinn,
ist es auch Vergangenheit,
im Herzen bleibt manches drin.
Viele Glücksmomente gab es in meinem Leben,
doch auch Zeiten, an die ich mit Wehmut denk,
wir müssen alles annehmen, was uns wird gegeben,
unser Leben ist ein Geschenk.

Meeresrauschen

Es rauscht das Meer im Sonnenschein,
der Wind bläst mir ins Gesicht,
vergessen sind alle Sorgen und Pein,
Kälte verspüre ich nicht.
Umgeben von Muscheln und Sand,
sitze ich am Ufer und träume vor mich hin,
meine innere Ruhe ich fand
und nun glücklich und zufrieden bin.

Lebensfreude

Das Leben uns viele schöne Stunden schenkt,
Freude finden wir überall,
schon ein Kinderlachen traurige Momente verdrängt
oder ein heller Sonnenstrahl.
Die Schönheit der Natur uns Glücksgefühle bringt,
wohin man schaut, es grünt und blüht,
oder wenn ein fröhliches Lied erklingt,
es dringt in uns und erhellt unser Gemüt.

Freude

Jeder Tag uns Freude bringt,

schon am frühen Morgen, wenn ein Vöglein singt,

von Ferne ein Kuckucksruf erschallt,

die Sonne strahlt durch den Blätterwald.

Die Natur verzaubert uns,

verdrängt Kummer und Leid,

ist es auch nur für eine kurze Zeit,

die Freude ist ein Geschenk.

Wir sollen dankbar sein,

wir finden sie überall, sie läßt uns nicht allein.

Fröhlichkeit

Es sollte uns gelingen,
jeden Tag fröhlich zu sein,
ist es ein Lied, das wir singen,
oder Freude über den hellen Sonnenschein.
Fröhlichkeit gehört zum Leben,
und ist der Alltag auch mal trist und leer,
uns wird so viel Schönes gegeben,
und irgendwo kommt immer ein Lichtlein her.

Herbst-Impressionen

Von raschelndem Herbstlaub umgeben,
gehe ich durch den schönen Wald,
kann die Veränderung der Natur erleben,
hier und da ein Vogelruf erschallt.
Lautlos fallen bunte Blätter von den Bäumen,
der Herbstwind weht mir ins Gesicht,
ich hör leises Säuseln und fange an zu träumen,
wie schön unsere Mutter Erde doch ist!

Herbststürme

Laut bläst der Wind durch Wald und Flur,
bunte Blätter tänzeln ganz leise vom Baum.
Wie hat sich doch verändert die Natur,
es geht so schnell, man merkt es kaum.
Der Sturm beherrscht auch das weite Meer,
hohe Wellen schlagen an den Strand.
Alles ist so öd und leer,
der Herbst hat uns fest in seiner Hand.

Freunde

Freunde zu haben ist ein Geschenk,
wir sind nie allein,
da ist immer jemand, der an uns denkt,
sollten wir mal in Nöten sein.
Freundschaften auch viel Freude geben,
man trifft sich und teilt Freud und Leid,
sie sind wichtig in unserem Leben,
in dieser ja so hektischen Zeit.

Kinderlachen

Kinder sind der Mittelpunkt in unserem Leben,
Freude schenken sie uns jeden Tag.
Wir müssen ihnen viel Liebe und Geborgenheit geben,
ein liebes Wort jedes Kind gern mag.
Kinderlachen erhellt unser Herz
und verbreitet Fröhlichkeit,
vergessen ist so mancher Schmerz.
Wie schön ist doch die Kinderzeit!

Mondlicht

Der Abend neigt sich, Dunkelheit kehrt ein,
kühl wird es und still um mich,
verschwunden ist der helle Sonnenschein,
der Tag plötzlich verändert sich.
Die Finsternis wird erhellt von des Mondes Schein,
groß und hell schaut er auf mich herab,
die Sterne neben ihm, strahlend und klein,
ein Glücksgefühl ich in mir hab.

Fröhliche Wandersleut

Wanderer durchqueren Wald und Flur,
fröhlich singen sie ein Lied
und erfreuen sich an der schönen Natur.
Ringsum alles grünt und blüht.
Überall ertönt Vogelgesang,
Vöglein fliegen von Baum zu Baum.
Ein Bächlein fließt am Waldweg entlang,
es plätschert leise, man hört es kaum.
Eine Pause legen die Wandersleut ein,
von all dieser Schönheit begeistert sie sind.
Am Himmelszelt strahlender Sonnenschein,
und durch die Äste säuselt leise der Wind.

Himmelszelt

Der Himmel zeigt stets ein neues Gesicht,
die Wolken ziehen ihre Bahn.
Plötzlich die Sonne das Wolkenspiel durchbricht
und lacht uns freundlich an.
Wenn es Abend wird und Dunkelheit kehrt ein,
strahlen Sterne am Himmelszelt.
Der Mond mit seinem hellen Schein
blickt auf unsere wunderschöne Welt.

Musik

Musik durch alle Lande zieht,
wie herrlich ist ihr Klang.
Mich beglückt ein schönes Lied,
ob solo oder Chorgesang.
Ich lausche den Tönen und öffne mein Ohr,
in mir kehrt Ruhe ein.
Wunderschöne Melodien erklingen im Chor
und lassen Freude ins Herz hinein.

Naturerlebnis

Unsere Mutter Erde uns stets ihre Schönheit zeigt,
sie schenkt uns eine vielfältige Pflanzenwelt
und beglückt uns mit all ihrer Pracht
zu jeder Jahreszeit,
beim Anblick wird unser Herz erhellt.
Eine Vielfalt bunter Blumen strahlt uns an,
ob im Garten, Balkon, am Waldesrand
oder freien Feld,
sie ziehen uns in ihren Bann,
wir sind dankbar für diese wunderbare Welt.

Wintermärchen

Vom Himmelszelt tänzeln Schneeflocken ganz sacht,
bedecken Wald und Flur,
sie erfreuen uns bei Tag und Nacht,
verändert zeigt sich die Natur.
Es ist kalt, und es glitzert der Schnee,
welch wunderbare Pracht,
zugefroren ist der See,
und darüber strahlend die Sonne lacht.

Hoffnung

Viele Menschen sind einsam und allein,
die Umwelt beachtet sie nicht,
Traurigkeit und Wehmut kehrten ein,
doch irgendwo brennt immer ein Licht.
Wir müssen es suchen, auf unser Glück vertrauen,
irgendwann werden unsere Wünsche wahr,
nie rückwärts, stets in die Zukunft schauen,
dann scheint die Sonne wieder hell und klar.
Vieles im Leben uns Freude bringt,
ringsum unsere wunderschöne Natur im bunten Kleid,
ein Kinderlachen, wie fröhlich es klingt,
verschwunden ist schnell die Traurigkeit.

Frühlingserwachen

Wie herrlich leuchtet die Natur,
der Frühling mit all seiner Pracht.
Verändert sind Wald und Flur,
und Knospen öffnen sich ganz sacht.
Vöglein jubilieren, welch wunderbarer Klang,
überall regt sich was, die Tierwelt ist erwacht.
Ein Häschen hüpft am Waldweg entlang,
durch den Blätterwald freundlich die Sonne lacht.
Wandersleut erkunden Wald und Flur,
ein Lied ertönt, und Frohsinn kehrt ein.
Sie entdecken die Schönheit der Natur,
wie schön kann doch die Frühlingszeit sein!

Geschenke

Geschenke gibt es jeden Tag,
sind sie auch noch so klein,
ist es eine Rose, die ich gerne mag,
oder der helle Sonnenschein.
Wenn mir ein Lächeln wird geschenkt,
oder ein Kind strahlt mich freudig an,
jemand durch einen Glückwunsch an mich denkt,
ich mich darüber sehr freuen kann.

Grillzeit

Das schöne Wetter lädt zum Grillen ein,
die Zeit der Gartenfeste beginnt,
Freunde und Nachbarn schauen mal rein,
wie wichtig doch Freundschaften sind.
Es wird geplaudert und gelacht,
die Sorgen des Alltags verdrängt,
allen es viel Spaß und Freude macht,
man später gern an die schönen Grillabende denkt.

Momente des Glücks

Unser Leben wird bestimmt von Tiefen und Höhen,
Traurigkeit und Freude sind des Alltags Gefährt.
Im dunklen Tunnel ist am Ende immer ein Licht
zu sehen,
und Zuversicht in unsere Herzen kehrt.
Viele Momente im Leben erfüllen uns mit Glück,
wir müssen es suchen und finden es auch,
ein Kinderlachen, ein freundlicher Blick,
im Garten ein blühender Ginsterstrauch.
Wir halten uns fest an all diesem Schönen,
sind dankbar für die Stunden des Glücks,
man kann es nicht kaufen, uns nur danach sehnen,
immer vorwärts schauen, nicht zurück.

Idylle am Strand

Ich sitze am Strand,
der Wind bläst mir ins Gesicht,
um mich der weiße Sand,
Kälte verspüre ich nicht.
Vom Rauschen des Meeres verzaubert ich bin,
es ist ein besonderer Klang,
viele schöne Gedanken kommen mir in den Sinn,
und ich zu träumen anfang.
Wind, Sonne und Meer tun meiner Seele gut,
den manchmal so grauen Alltag vertreibt,
ich schöpfe wieder frischen Mut,
die schöne Stranderinnerung bleibt.

Zauber der Natur

Die Natur ist aus ihrem Winterschlaf erwacht,
sie zeigt sich in einem neuen Kleid,
die Sonne, sie strahlt uns an und lacht,
es beginnt eine wunderschöne Jahreszeit.
Fröhlich geh ich durch den Wald,
erfreu mich am Vogelgesang,
sprießende Knospen entdecke ich bald,
ein Häschen hüpft am Waldweg entlang.
Unsere Mutter Erde zeigt sich in ihrer ganzen
Pracht,
wir müssen sehr dankbar ihr sein,
was hat sie doch alles für uns Menschen gemacht
und bringt Frohsinn ins Herz hinein.

Wetterkapriolen

Mal Sonne, mal Regen, Wind, Hagel und Schnee,
eine vom Sturm aufgewühlte See.
Das Wetter, es macht mit uns, was es will,
laut brausen die Stürme, dann weht ein Lüftchen
ganz still.
Ob Frühling, Sommer, Herbst oder Winterzeit,
immer zeigt sich die Natur in einem neuen Kleid,
sie verzaubert uns mit ihrer Pracht
und zeigt uns Menschen all ihre Macht.
Auch wenn mal die Fluten überschwemmen das
Land,
oder der Sturm treibt über die Dünen den Sand,
wir lieben unsere Mutter Erde, wie sie ist,
auch schlimme Wetterkapriolen man schnell
vergißt.

Strahlende Kinderaugen

Ein Kind ist das größte Geschenk in unserem Leben,
wir müssen es behüten und dankbar sein,
uns wird etwas ganz Kostbares gegeben,
es erhellt unseren Alltag wie der Sonnenschein.
Kinderaugen strahlen uns an,
sie verdrängen alle Traurigkeit,
ihr Lächeln zieht uns in ihren Bann,
wie schön ist doch die Kinderzeit!

Stille

Oft suchen wir einen stillen Ort,
wenn es laut und hektisch ist,
irgendwohin, wir wollen nur fort,
wo man schnell den Alltag vergißt.
Ruhe finden wir in der Natur,
Vogelgesang uns freudig stimmt,
unsere Mutter Erde ist Romantik pur
und allen Streß von uns nimmt.

Waldspaziergang

Leise weht der Wind durch den Blätterwald,
ich wandere den Waldweg entlang.
In weiter Ferne ein Kuckucksruf erschallt,
überall höre ich Vogelgesang.
Plötzlich ertönt fröhlicher Gesang,
Wanderer durchqueren Wald und Flur.
Ich lausche dem Lied, welch herrlicher Klang,
und ringsum die schöne Natur.

Verabschiedung des Herbstes

Viele bunte Blätter bedecken den Wald,
der Herbst verabschiedet sich schon bald.
Er hat mit seiner Farbenpracht
uns sehr viel Freude gebracht.
Er macht Platz für die Winterzeit,
auch dann trägt die Natur ein schönes Kleid.
Der Herbst sagt uns ade,
wir freuen uns alle schon auf den ersten Schnee.

Träumereien

Ich sitze im Gras und träume vor mich hin,
umgeben von blühender Pracht.
So manch freudige Gedanken kommen mir
in den Sinn,
über mir strahlend die Sonne lacht.
Vergessen sind alle Sorgen,
ein Lächeln in meinem Gesicht.
Ich denke nicht an morgen,
denn irgendwo brennt immer ein Licht.

Sternenhimmel

Der Abend neigt sich, die Nacht bricht an,
dunkel wird es und still um mich.
Graue Nebel ziehen heran,
doch plötzlich das Firmament verändert sich.
Ich schaue hinauf zum Himmelszelt,
viele Sterne strahlen mich an,
sie leuchten und haben mein Herz erhellt
und ziehen mich in ihren Bann.

Spiel der Drachen

Die Drachen fliegen im herbstlichen Wind,
mal hoch, mal tief, wie es ihnen gefällt.
Wie bunt und schön sie anzuschauen sind,
und sie tanzen über dem gelben Stoppelfeld.
Leuchtende Kinderaugen schauen freudig empor,
vom Spiel der Drachen begeistert sie sind.
Hinter den Wolken lacht die Sonne hervor,
und kräftig bläst der Wind.

Chorgesang

Aus frischer Kehle erschallt ein Lied,
welch wunderbarer Gesang!
Fröhlichkeit durch die Lande zieht,
alles lauscht dem herrlichen Klang.
Singen öffnet unser Herz,
Jung und Alt hat Freude daran.
Vergessen ist so mancher Schmerz,
die Musik zieht uns in ihren Bann.

Danke

Das Wort »danke« ist wichtig in meinem Leben,
ich brauche es jeden Tag.
Viel wird mir geschenkt und gegeben,
und ich dafür danke sag.
Die Natur erfreut mich mit all ihrer Pracht,
sie ist ein großes Geschenk
und gibt mir viel Stärke und Kraft,
auch dunkle Stunden verdrängt.

Sonnenstrahlen

Dunkle Wolken am Himmelszelt,
alles ist grau in grau,
kein Sonnenstrahl die Erde erhellt,
doch plötzlich wird der Himmel blau.
Die Wolken öffnen sich,
hervor schaut die Sonne und lacht,
der Anblick verzaubert mich
und fröhlich und glücklich macht.

Das Firmament

Der Himmel über uns verändert stets sein Gesicht,
mal grau in grau, dunkle Wolken ziehen ihre Bahn.
Doch plötzlich die Sonne das Wolkenspiel durchbricht,
sie strahlt uns freundlich an.
Wenn der Tag sich neigt, und die Sonne versinkt,
und Dunkelheit kehrt ein,
eine große Schar von Sternen blinkt,
in ihrer Mitte der Mond mit seinem hellen Schein.

Die Nacht

Leise wiegen sich die Bäume im Wind,
zu hören kein Vogelgesang,
alles ruht, die Nacht beginnt,
verstummt ist jeglicher Klang.
Viele Sterne funkeln am Himmelszelt,
sie leuchten und strahlen uns an,
der Mondschein die dunkle Nacht erhellt,
die Wolken ziehen ihre Bahn.

Impressionen am Strand

Es rauscht das Meer im Sonnenlicht,
Wellen schlagen an den Strand.
Kälte verspüre ich nicht,
bin umgeben von weißem Sand.
Durch mein Haar weht leise der Wind,
er streichelt meine Haut.
Ich meine innere Ruhe find,
vom Himmelszelt strahlend die Sonne schaut.

Die Natur im Winterschlaf

Kräftig bläst der Wind, und es ist kalt,
die Natur zeigt sich in einem neuen Kleid.
Kein Vogelgesang tönt durch den Winterwald,
es beginnt eine neue Jahreszeit.
Alles ruht, die Tiere und auch die Pflanzenwelt.
Doch plötzlich etwas Wunderbares geschieht,
die Wolken öffnen sich, Schneeflocken tänzeln
vom Himmelszelt.
Schnell ist alles weiß, wohin man auch sieht.
Welch zauberhafte Pracht, der Wald im weißen
Kleid,
der glitzernde Schnee strahlt uns an.
Es ist eine wunderbare Jahreszeit,
sie zieht uns in ihren Bann.

Die Uhr

Die Uhr läuft und läuft, und es vergeht die Zeit,
Sekunden, Minuten und Stunden vergehn.
Sie hält für uns oft schöne Stunden bereit,
zurück können wir sie nicht wieder drehn.
So war es immer, und es bleibt auch so,
die Technik daran nichts ändern kann.
Darüber sind wir sehr froh,
der Zeiger der Uhr läuft immer seine Bahn.

Abenddämmerung

Länger werden die Schatten, und die Sonne versinkt.
Kühl wird es, und Dunkelheit kehrt ein.
Kein fröhlicher Gesang der Vöglein mehr erklingt,
schon bald zeigt sich des Mondes Schein.
Ein Windlicht wird angezündet,
es bringt Licht und leuchtet hell.
Bei Kerzenschein man Ruhe findet,
traurige Gedanken verdrängt man schnell.

Träumen am Kamin

Leise lodert das Feuer im Kamin,
draußen zeigt der Winter all seine Pracht,
beim Anblick ich verzaubert bin,
Schneeflocken tänzeln vom Himmel ganz sacht.
Plötzlich die Wolken öffnen sich,
die Sonne sich strahlend zeigt,
durch das Fenster schaut sie freundlich auf mich,
wie schön ist doch die Winterzeit!

Die Zeit

Unser Leben schenkt uns viel kostbare Zeit,
wir müssen sie nutzen und dankbar sein.
Jeder Tag hält schöne Stunden bereit,
wir verbringen sie mit anderen oder allein.
Schnell eilt die Zeit dahin,
festhalten können wir sie nicht.
Sie gibt unserem Leben einen Sinn,
bringt Dunkelheit, aber auch Licht.

Abendruhe

Langsam die Sonne hinter den Wolken versinkt,
Abenddämmerung kehrt ein.
Kein Vogelgesang durch die Wälder dringt,
doch bald zeigt sich des Mondes Schein.
Hell leuchtet er vom Himmelszelt,
neben ihm die Sterne strahlend und klein.
Viel Schönes gibt es auf unserer Welt,
es wird uns geschenkt, wir sollten dankbar sein.

Verabschiedung des Sommers

Die Tage werden kürzer, der Herbst kündigt sich an,
eine Veränderung in der Natur ist zu sehn,
den Sommer keiner festhalten kann,
doch jede Jahreszeit ist schön.
Über das Stoppelfeld weht leise der Wind,
der Nebel schleicht durch Wald und Flur,
die Blätter der Bäume, wie bunt sie sind,
wohin man schaut, Romantik pur.

Idylle am Teich

Ich sitze am Teich, um mich die schöne Natur,
wohin ich auch schau, Romantik pur.
Grillen zirpen, von Ferne ein Kuckucksruf erschallt,
Vogelgesang tönt durch den Blätterwald.
Enten tummeln sich im kühlen Naß,
es macht ihnen sichtlich großen Spaß.
Wie schön und bunt unsere Mutter Erde doch ist,
so mancher es allerdings vergißt.

Kerzenschein

Wenn einmal dunkle Stunden kehren ein,
und der Tag scheint trüb und leer,
wir fühlen uns einsam und allein,
kommt irgendwo ein Lichtlein her.
Die Kerze mit ihrem hellen Schein,
erhellt die Dunkelheit,
leuchtet in unser Herz hinein
und vertreibt die Traurigkeit.

Frieden

Krieg, Terror und Angst regieren die Welt,
was heute nur zählt, ist Macht und Geld.
Wir Menschen sehnen uns nach Frieden
und Einigkeit
und nicht nur immer Haß und Streit.
Freude gibt uns die schöne Natur,
oft zerstört man sie nur.
Ein Geschenk unsere Mutter Erde ist,
leider der Mensch es oft vergißt.

Jugendzeit

Gern denk ich an die Jugendzeit,
eine neue Welt tat sich auf.
Wie ist sie doch so fern und weit,
so ist unseres Lebens Lauf.
Die Erinnerung bleibt,
doch nun geht nach vorn mein Blick.
Wie schön ist doch jetzt die Zeit,
die Jugend kehrt nicht mehr zurück.

Waldesruh

Der Abend naht, Dunkelheit kehrt ein,
nur die Bäume wiegen sich im Wind.
Der Mond mit seinem hellen Schein,
etwas Licht ins Dunkel bringt.
Ein Bächlein fließt am Waldweg entlang,
es plätschert ganz leis vor sich hin.
Still ist es, kein Vogelgesang,
von dieser Ruhe ich verzaubert bin.

Wolkenspiel

Der Himmel ist trist und grau,
nur dunkle Wolken schauen auf mich.
Kein Lichtstrahl, wohin ich auch schau,
doch plötzlich der Himmel verändert sich.
Die Wolken ziehen ihre Bahn,
öffnen das Himmelszelt.
Ich schaue mir das Wolkenspiel an,
wie schön ist doch unsere Welt!

Winterzauber

Die Natur schläft, nur die Bäume wiegen sich
im Wind,
das Firmament oft grau in grau.
Der Winter mit seinen Kapriolen beginnt,
Veränderunge, wohin ich schau.
Der Wind bläst durch den Winterwald,
er zeigt all seine Macht.
Es fröstelt mich, und es ist kalt,
doch plötzlich die Sonne lacht.
Schneeflöckchen tänzeln vom Himmel ganz leis,
fallen auf Wald und Feld.
Schnell ist es überall ganz weiß,
wie wunderschön ist unsere Welt!

Ein glücklicher Tag

Aus der Ferne höre ich Glockengeläut,

ein neuer Tag bricht an.

Vöglein jubilieren, mein Herz ist voller Freud,

wie schön der Morgen doch begann!

Die Sonne strahlt auf mich herab,

sie begleitet mich den ganzen Tag.

Ein paar wunderschöne Stunden ich hab

und dafür »danke« sag.

Ein Lächeln

An manchen Tagen kehrt Wehmut ein,
alles erscheint uns trist und leer,
wir fühlen uns einsam und allein,
doch plötzlich kommt irgendwo ein Lichtlein her.
Ein freundliches Lächeln wird uns geschenkt,
schon verläßt uns die Traurigkeit,
schnell man an etwas Freudiges denkt,
das Leben hält so viel schöne Dinge bereit.

Waldspaziergang

Sonnenstrahlen dringen durch den Blätterwald,
ich wandere still vor mich hin.
Meine innere Ruhe finde ich bald,
von der Natur ich begeistert bin.
Vöglein jubilieren, welch herrlicher Klang,
vielstimmig zwitschern sie ihr Lied.
Ein Bächlein plätschert am Waldweg entlang,
rings um mich Wunderbares geschieht.

Eine Melodie

Ob Volkslied, Schlager oder anderer Gesang,
Chöre singen, oder Instrumente zu hören sind,
alles hat seinen besonderen Klang
und uns viel Freude bringt.
Durch den Raum frohe Weisen schwingen,
verzaubert wird unser Herz,
wenn wunderschöne Melodien erklingen,
vergessen wir so manchen Schmerz.

Reisezeit

Frühling ade, der Sommer naht,
Urlaub ist angesagt,
ob mit dem Flieger, dem Auto oder Rad,
los geht es auf große Fahrt.
Hinter uns lassen alle Sorgen,
für Schönes öffnen unser Herz,
uns freuen auf ein fröhliches Morgen,
schon ist vergessen so mancher Schmerz.

Ruhe

Oft suchen wir einen stillen Ort,
wir finden ihn in der schönen Natur,
schnell sind dunkle Gedanken fort,
wohin man auch schaut, Romantik pur.
All diese Schönheit viel Freude bringt,
Ruhe kehrt in uns ein,
Fröhlichkeit in unsere Herzen dringt,
vom Himmelszelt strahlt der helle Sonnenschein.

Sangesfreude

Singen öffnet unser Herz,
Fröhlichkeit durch die Lande zieht,
vergessen ist so mancher Schmerz,
wenn erklingt ein schönes Lied.
Viele Chöre erfreuen uns mit ihrem Gesang,
gesungen wird überall, ob Jung, ob Alt,
wir lauschen dem herrlichen Klang,
sind fröhlich, wenn ein Lied erschallt.

Wunder der Natur

Uns wurde geschenkt die schöne Natur,
überall grünt und blüht es, welch herrliche Pracht,
wohin man schaut, Romantik pur,
es ist wie ein Wunder, wenn eine Knospe sich öffnet
ganz sacht.
Der Wald lädt uns zum Wandern ein,
Vöglein jubilieren, welch herrlicher Klang,
durch die Äste strahlt der helle Sonnenschein,
von ferne ertönt fröhlicher Gesang.

Zauber der Nacht

Der Abend neigt sich, Dunkelheit kehrt ein,
kein Vöglein singt ein Lied,
verschwunden ist der helle Sonnenschein,
doch plötzlich eine Veränderung geschieht.
Die Finsternis wird erhellt von des Mondes Schein,
groß und hell schaut er vom Himmelszelt,
die Sterne neben ihm, strahlend und klein,
wie wunderbar ist unsere Welt!

Sommer-Impressionen

Strahlend lacht uns die Sonne an,
kein Wölkchen am Firmament,
die Natur zieht uns in ihren Bann,
wie wunderschön ist unsere Welt.
Es grünt und blüht, überall regt sich was,
wir lauschen dem Vogelgesang,
hier und da hüpft ein Häschen durchs Gras,
und ein Bächlein plätschert am Waldweg entlang.
Wandersleut erkunden Wald und Flur,
ein Lied ertönt, und Frohsinn kehrt ein,
sie entdecken die Schönheit der Natur,
und durch die Bäume strahlt der helle
Sonnenschein.

Ostern

Ostern ist ein freudiges Fest,
der Frühling Einzug hält,
die Winterzeit uns nun verläßt,
unsere schöne Natur den Alltag erhellt.
Glocken läuten den Ostersonntag ein,
es ertönt Chorgesang,
das Singen läßt Freude ins Herz hinein,
wir lauschen dem Lied, welch herrlicher Klang.
Für die Kinder ist es ein besonderes Fest,
sie werden an diesem Tag beschenkt,
bunte Eier finden sie im Nest
und freuen sich, daß der Osterhase an sie denkt.

Weihnacht

Vom Himmelszelt tänzeln Schneeflocken ganz sacht,
Glocken ertönen von nah und fern,
sie läuten ein die Heilige Nacht,
über der Krippe steht Bethlehems Stern.
Weihnachten, das Fest der Liebe ist da,
viel Freude es uns bringt,
Kinderaugen leuchten hell und klar,
überall ein freudiges Lied erklingt.

Mein Ruhrgebiet

Wunderschönes Land an der Ruhr,
meine Heimat, gern wohne ich hier.
Nicht nur Zechen, ringsum die schöne Natur
bei uns im Revier.
Viele Menschen besuchen das Ruhrgebiet
und sind begeistert von dem schönen Land.
Sehenswertes, wohin man sieht,
Essen wurde zur Kulturhauptstadt ernannt.
Große Städte laden ein,
zum Shoppen und vieles mehr.
Wie schön kann doch das Wohnen hier sein,
ich liebe meine Heimat sehr.